中华人民共和国推荐性行业标准

公路车辆动态称重检测系统技术规范

Technical Specifications for Highway Weigh-in-motion System

JTG/T 4320—2022

主编单位：中公高科养护科技股份有限公司
批准部门：中华人民共和国交通运输部
实施日期：2022 年 12 月 01 日

人民交通出版社股份有限公司
北 京

律师声明

本书所有文字、数据、图像、版式设计、插图等均受中华人民共和国宪法和著作权法保护。未经人民交通出版社股份有限公司同意，任何单位、组织、个人不得以任何方式对本作品进行全部或局部的复制、转载、出版或变相出版。

本书封面贴有配数字资源的正版图书二维码，扉页前加印有人民交通出版社股份有限公司专用防伪纸。任何侵犯本书权益的行为，人民交通出版社股份有限公司将依法追究其法律责任。

有奖举报电话：（010）85285150

北京市星河律师事务所
2020 年 6 月 30 日

图书在版编目（CIP）数据

公路车辆动态称重检测系统技术规范：JTG/T 4320—2022 / 中公高科养护科技股份有限公司主编． — 北京：人民交通出版社股份有限公司，2022.10
 ISBN 978-7-114-18265-5

Ⅰ. ①公… Ⅱ. ①中… Ⅲ. ①公路运输—车辆—重量测量—测量系统—技术规范—中国 Ⅳ. ①U492.3-65 ②TH715.1-65

中国版本图书馆 CIP 数据核字（2022）第 191332 号

标准类型：中华人民共和国推荐性行业标准
标准名称：公路车辆动态称重检测系统技术规范
标准编号：JTG/T 4320—2022
主编单位：中公高科养护科技股份有限公司
责任编辑：周佳楠
责任校对：赵媛媛　魏佳宁
责任印制：刘高彤
出版发行：人民交通出版社股份有限公司
地　　址：（100011）北京市朝阳区安定门外外馆斜街 3 号
网　　址：http://www.ccpcl.com.cn
销售电话：（010）59757973
总 经 销：人民交通出版社股份有限公司发行部
经　　销：各地新华书店
印　　刷：北京市密东印刷有限公司
开　　本：880×1230　1/16
印　　张：2
字　　数：45 千
版　　次：2022 年 10 月　第 1 版
印　　次：2022 年 10 月　第 1 次印刷
书　　号：ISBN 978-7-114-18265-5
定　　价：30.00 元
（有印刷、装订质量问题的图书，由本公司负责调换）

中华人民共和国交通运输部

公 告

第 59 号

交通运输部关于发布《公路车辆动态称重检测系统技术规范》的公告

现发布《公路车辆动态称重检测系统技术规范》(JTG/T 4320—2022)，作为公路工程推荐性行业标准，自 2022 年 12 月 1 日起施行。

《公路车辆动态称重检测系统技术规范》(JTG/T 4320—2022) 的管理权和解释权归交通运输部，日常管理和解释工作由主编单位中公高科养护科技股份有限公司负责。

请各有关单位注意在实践中总结经验，及时将发现的问题和修改建议函告中公高科养护科技股份有限公司（地址：北京市海淀区地锦路 9 号院 4 号楼，邮政编码：100095）。

特此公告。

中华人民共和国交通运输部
2022 年 10 月 11 日

交通运输部办公厅　　　　　　　　　　　　　　2022 年 10 月 13 日印发

前　言

根据《交通运输部关于下达 2018 年度公路工程行业标准制修订项目计划的通知》（交公路函〔2018〕244 号）要求，由中公高科养护科技股份有限公司作为主编单位承担《公路车辆动态称重检测系统技术规范》（JTG/T 4320—2022）的制定工作。

本规范系统总结了我国公路车辆动态称重检测工作经验，借鉴相关标准规范和技术成果，针对公路车辆动态称重检测特点，以规范公路车辆动态称重检测为主要目标，重点明确公路车辆动态称重检测系统的设备功能和要求，为公路车辆动态称重检测系统的建设规范化提供技术规定。

本规范包括 10 章，分别是：1 总则、2 术语、3 基本规定、4 公路车辆动态称重检测设备、5 车牌识别及记录设备、6 视频监控设备、7 信息发布设备、8 数据处理系统、9 供电与防雷接地、10 数据传输。

本规范由常成利、顾江年负责起草第 1 章、第 2 章和第 3 章，常成利、李强负责起草第 4 章，徐欣、弋晓明负责起草第 5 章，常成利、刘伟亮负责起草第 6 章，刘畅、杜赓负责起草第 7 章，郭立明、王岱岳负责起草第 8 章，常成利、张夕珂负责起草第 9 章，李轶舜、蒋海峰负责起草第 10 章。

请各有关单位在执行过程中，将发现的问题和意见，函告本规范日常管理组，联系人：顾江年（地址：北京市海淀区地锦路 9 号院 4 号楼，邮编：100095，电话：010-82364081，电子邮箱：gujiangnian@roadmaint.com），以便修订时参考。

主　编　单　位：中公高科养护科技股份有限公司
参　编　单　位：安徽省公路管理服务中心
　　　　　　　　交通运输部公路科学研究院
　　　　　　　　交通运输部科学研究院
　　　　　　　　交通运输部规划研究院

主　　　　　编：常成利
主要参编人员：顾江年　李　强　徐　欣　弋晓明　刘伟亮　刘　畅
　　　　　　　杜　赓　郭立明　王岱岳　张夕珂　李轶舜　蒋海峰

主　　　　审：沈国华

参与审查人员：贺志高　张慧彧　马永庆　朱　华　鲁新光　李清华
　　　　　　　方　荣　陈永明　罗俊略　负岩龙　王　东　龚　治
　　　　　　　刘纯德　黄生存　王　军

参 加 人 员：刘礼勇　叶　静　张新虎　赵洪凯　刘志强

目　次

1 总则 ·· 1
2 术语 ·· 2
3 基本规定 ··· 3
　3.1 功能要求 ··· 3
　3.2 通用要求 ··· 3
　3.3 采集信息要求 ·· 4
4 公路车辆动态称重检测设备 ··· 7
　4.1 一般规定 ··· 7
　4.2 车辆检测器 ·· 8
5 车牌识别及记录设备 ·· 9
　5.1 一般规定 ··· 9
　5.2 摄像装置 ·· 10
　5.3 补光装置 ·· 10
6 视频监控设备 ··· 11
　6.1 一般规定 ·· 11
　6.2 具体要求 ·· 12
7 信息发布设备 ··· 13
　7.1 一般规定 ·· 13
　7.2 具体要求 ·· 14
8 数据处理系统 ··· 16
　8.1 一般规定 ·· 16
　8.2 具体要求 ·· 16
9 供电与防雷接地 ··· 18
　9.1 一般规定 ·· 18
　9.2 具体要求 ·· 18
10 数据传输 ··· 19
本规范用词用语说明 ··· 24

1 总则

1.0.1 为规范公路车辆动态称重检测系统建设，制定本规范。

1.0.2 本规范适用于公路车辆动态称重检测系统的新建和改建。

1.0.3 公路车辆动态称重检测系统应遵循运行安全、技术成熟、功能齐全、检测准确、联网运行、经济实用的原则。

条文说明

公路车辆动态称重检测系统建设根据公路的区域特点、交通特性、路网结构综合分析确定，选取经过广泛应用验证的设备，充分发挥系统各项功能和作用，准确检测并将检测信息联网上传，实现对超限运输的全天候监控，为形成层次分明、结构严密、功能互补的治超监控网络提供基础保障。

1.0.4 公路车辆动态称重检测系统除应符合本规范的规定外，尚应符合国家和行业现行有关标准的规定。

2 术语

2.0.1 公路车辆动态称重检测系统　highway weigh-in-motion system

在公路范围内设置的，能够对行驶中车辆的轴（轴组）载荷或总质量进行检测，并自动记录受检车辆超限状态，可存储、输出、显示相关信息的系统。

2.0.2 公路车辆动态称重检测设备　weigh-in-motion device

对行驶中车辆的轴（轴组）载荷或总质量进行称量的设备。

2.0.3 公路车辆动态称重检测区　detection zone for weigh-in-motion

对行驶中车辆进行称重检测的路面区域。

3 基本规定

3.1 功能要求

3.1.1 公路车辆动态称重检测系统应具备动态称重检测、车牌识别及记录、视频监控、信息发布等功能。

3.1.2 公路车辆动态称重检测系统应能自动检测和输出车辆的车型、轴数、轴（轴组）载荷、总质量等。

3.1.3 车牌识别及记录设备应能自动拍摄和输出车辆图像、识别和输出车辆号牌信息。

3.1.4 视频监控设备应能完整、清晰地记录车辆经过公路车辆动态称重检测区的行驶状态，可具备检测和输出车辆行驶速度功能。

3.1.5 信息发布设备应能发布和显示车辆的超限信息，并提示车辆进行卸载。

条文说明

信息发布设备的超限提示信息一般通过数据处理系统传输、处理、转换、修正后直接发布，内容为"×××××××（机动车号牌）涉嫌超限，请就近卸载"。

3.2 通用要求

3.2.1 公路车辆动态称重检测设备、车牌识别及记录设备、视频监控设备、信息发布设备和数据处理系统的内部时间应保持一致，与北京时间同步，24h 计时误差应不大于 1.0s。

条文说明

《道路交通安全违法行为图像取证技术规范》（GA/T 832—2014）要求图像取证设备时钟与北京时间的误差不超过 1.0s。

3.2.2 公路车辆动态称重检测系统应具备通信异常、断电等故障的自检功能。通信异常时，应能将未实时上传的数据进行存储，存储时间应不小于 7d。通信恢复后，应能自动完成数据续传。

3.2.3 公路车辆动态称重检测系统的网络和数据的安全性、稳定性、可靠性和可扩展性等应符合《信息安全技术 网络安全等级保护基本要求》（GB/T 22239—2019）中第二级安全保护能力的有关规定。

3.2.4 公路车辆动态称重检测设备应适应 −40 ~ +70℃ 的工作环境温度，寒区使用时应具备耐低温性能，耐环境湿度技术指标应符合现行《公路机电系统设备通用技术要求及检测方法》（JT/T 817）的有关规定。

3.2.5 公路车辆动态称重检测设备应采取防水和防尘保护。防护等级应符合现行《电工电子产品环境试验》（GB/T 2423）和《公路机电系统设备通用技术要求及检测方法》（JT/T 817）的有关规定。

3.2.6 公路车辆动态称重检测设备的绝缘电阻、安全接地、防雷电性能和电源适应性等应符合现行《公路机电系统设备通用技术要求及检测方法》（JT/T 817）的有关规定，电磁兼容应符合现行《电磁兼容 试验和测量技术》（GB/T 17626）的有关规定。

3.2.7 公路车辆动态称重检测设备的安装要求、安装条件、维护管理应符合现行《动态公路车辆自动衡器 第1部分：通用技术规范》（GB/T 21296.1）的有关规定。

3.2.8 公路车辆动态称重检测区应按现行《公路交通安全设施设计规范》（JTG D81）进行安全与防护设施设计。

3.3 采集信息要求

3.3.1 车辆的采集信息与车辆匹配正确率日间应不低于 90%，夜间应不低于 80%。

条文说明

采集信息与车辆匹配正确率指采集信息齐全、正确且能匹配的车辆数占通过公路车辆动态称重检测区的车辆总数的百分比。

车辆的采集信息包括检测时间、检测点名称、车道、机动车号牌、机动车号牌颜色、图像、视频、车速、车型、轴数、轴（轴组）载荷及总质量等。

3.3.2 公路车辆动态称重检测系统输出的图像应符合下列规定：

1 应采集不少于2幅不同时间或不同位置的车辆前部图片、1幅车辆侧面图片和1幅车辆尾部图片。

2 应采集1段不少于5s的车辆经过公路车辆动态称重检测区的视频。

3 采集的图片应包括车辆特征信息，包括机动车号牌、机动车号牌颜色、车头或车身颜色、轴数等。

条文说明

公路车辆动态称重检测区车道数为2条及2条以上的，通常采用对角安装前后侧面图片抓拍摄像机，获取2幅侧面图片。

《道路交通安全违法行为图像取证技术规范》（GA/T 832—2014）要求，采集不少于2幅不同时间拍摄的机动车全景特征图片；采用图片加视频方式取证的，采集至少1幅机动车全景特征图片。因公路车辆动态称重检测实际需要，车辆前部图片、侧面图片和尾部图片均需采集，且通过不同时间或不同位置的车辆前部图片证明车辆处于行驶中。

3.3.3 公路车辆动态称重检测系统的采集信息记录资料应以一组材料的方式提交，图片和视频文件名的格式应符合唯一标识＋"－"＋图片视频类型标识＋"－"＋机动车号牌的规定。

3.3.4 公路车辆动态称重检测系统输出的图片应叠加检测时间、检测点名称、桩号、车道、机动车号牌、轴数、总质量、超限率/超限量、唯一标识、防伪信息等内容。

条文说明

每幅输出的图片需包括原始防伪信息，防止原始图片在传输、存储和校对过程中被人为篡改。

3.3.5 公路车辆动态称重检测系统输出图片的叠加信息区域应位于图片的下方，不应遮挡图片信息，如图3.3.5所示。

3.3.6 叠加在公路车辆动态称重检测系统输出图片上的检测时间应精确到0.01s。

条文说明

《道路交通安全违法行为图像取证技术规范》（GA/T 832—2014）要求，对机动车行驶过程中发生的道路交通安全违法行为，叠加在图片上的违法时间应精确到0.01s。

图 3.3.5　车辆图片叠加信息格式示意

4 公路车辆动态称重检测设备

4.1 一般规定

4.1.1 公路车辆动态称重检测设备应定期检定,检定的时间、内容、方法等应符合现行相关计量技术规范的有关规定。

4.1.2 公路车辆动态称重检测设备应由动态公路车辆自动衡器和车辆检测器组成。

条文说明

动态公路车辆自动衡器包括但不限于《动态公路车辆自动衡器 第1部分:通用技术规范》(GB/T 21296.1—2020)规定的整车式、轴重式、弯板式、石英晶体式和平板模块式,可以采集车辆轴(轴组)载荷或总质量等信息。

车辆检测器包括但不限于环形线圈车辆检测器、红外线车辆检测器和激光车辆检测器,可以准确分车,防止跟车引起的质量合并。

4.1.3 公路车辆动态称重检测设备进行正常动态称量的运行速度范围应为 $0\text{km/h} < v \leqslant 100\text{km/h}$。

条文说明

最低运行速度为动态公路车辆自动衡器能进行正常动态称量的最低车速,最高运行速度为动态公路车辆自动衡器能进行正常动态称量的最高车速。超过最低运行速度或最高运行速度,称量结果可能产生过大的相对误差。

4.1.4 公路车辆动态称重检测设备称量的总质量准确度等级应不低于《动态公路车辆自动衡器检定规程》(JJG 907—2006)中准确度等级5的要求。

4.1.5 公路车辆动态称重检测设备中,动态公路车辆自动衡器裸露金属部件的防腐处理应符合现行《动态公路车辆自动衡器 第1部分:通用技术规范》(GB/T 21296.1)的有关规定,车辆检测器等其他设备裸露金属部件的防腐处理应符合现行《公路交通工程钢构件防腐技术条件》(GB/T 18226)的有关规定。

4.1.6 公路车辆动态自动衡器和称重传感器安装位置全部或部分位于路面以下的，则称重传感器的防护等级应不低于 IP68；称重传感器全部位于路面之上的，则称重传感器的防护等级应不低于 IP67。

4.2 车辆检测器

4.2.1 车辆检测器应能对车辆进行准确的自动分离，车辆正常行驶条件下，分离准确率应不小于 95%。

4.2.2 车辆检测器应符合下列规定：
1 轴数检测准确率应不小于 95%。
2 轴间距检测误差应不大于 ±15cm。
3 车型分类准确率应不小于 95%。
4 跨道识别准确率应不小于 95%。
5 连续车辆之间的分车间距应不大于 100cm。

5 车牌识别及记录设备

5.1 一般规定

5.1.1 车牌识别及记录设备应由摄像装置和补光装置组成。

5.1.2 车牌识别及记录设备记录与输出的内容应包括检测时间、车道代码、机动车号牌、机动车号牌颜色、机动车号牌图像等内容。

5.1.3 车牌识别及记录设备的机动车号牌捕获率日间应不小于90%，夜间应不小于80%。

条文说明

捕获率是指单位时间内视频流记录的车辆数与实际通过的车辆数之比。

5.1.4 车牌识别及记录设备的图片应采用 JPEG 编码，以 JFIF 或 JPEG 文件格式存储。

5.1.5 图像输出应为全幅 JPEG 格式 24 位真彩图像。

5.1.6 基于数字成像设备的图片分辨率应符合下列规定：
1 车辆前部图片分辨率应不小于 3 392 × 2 008 像素点。
2 车辆侧面图片分辨率应不小于 2 048 × 1 536 像素点。
3 车辆尾部图片分辨率应不小于 2 048 × 1 536 像素点。

条文说明

根据交通运输部发布的《高速公路称重检测业务规范和技术要求》（交办公路函〔2019〕1182号）和各省（自治区、直辖市）公路车辆动态称重检测系统建设情况，分辨率为 2 048 × 1 536 像素点即可满足动态称重检测工作需求。考虑实际工作中车辆前部图片需反映司乘人员面部特征，本规范提高了车辆前部图片分辨率的要求。

5.1.7 车牌识别及记录设备的功能和性能要求应符合现行《道路交通安全违法行为视频取证设备技术规范》（GA/T 995）的有关规定。

5.2 摄像装置

5.2.1 摄像装置应由摄像机、高清镜头、室外防护罩、相机内置网络信号防雷器、电源适配器等组成。

5.2.2 摄像装置的视频帧率调节范围应为 1～25fps。

条文说明

本条根据现行《安全防范视频监控摄像机通用技术要求》（GA/T 1127）相关要求设置。

5.2.3 摄像装置应具备存储自动覆盖功能。

5.3 补光装置

5.3.1 补光装置应包括闪光灯和补光灯等。

5.3.2 补光装置的控制接口可选择 RJ45、RS485/RS232、TTL/IO 和 SD/USB 等。

5.3.3 补光装置的光源宜采用 LED（发光二极管）光源或气体放电光源，也可采用其他光源。

5.3.4 补光装置应包括自闪、跟随、自动频闪（外部摄像机触发）模式。

5.3.5 补光装置应支持在线检测补光灯故障、正常、开启、关闭等工作状态。

5.3.6 补光装置应符合下列规定：
1 色温应不小于 4 000K。
2 闪烁频率应不小于 50Hz。
3 频闪响应时间应不大于 20μs。
4 在 AC220V±44V、50Hz±2Hz 的电源条件下应能正常工作。

5.3.7 补光照明区域内光照度应均匀、无暗区。在标称补光区域内，光照度应不小于基准轴上光照度的 50%。

6 视频监控设备

6.1 一般规定

6.1.1 视频监控设备应具备对公路车辆动态称重检测区全天候、全方位摄像的功能。

6.1.2 视频监控设备应具备自诊断和自动补偿功能，宜具备视场校对功能。

6.1.3 视频监控设备应具备旋转功能，可根据控制命令进行水平、俯仰旋转。

6.1.4 视频存储应支持 H.264、H.265、SVAC、MPEG-4 或 MPEG 格式，视频分辨率应不小于 1 920×1 080 像素点。

条文说明

《道路交通安全违法行为视频取证设备技术规范》（GA/T 995—2020）要求，视频编码格式为 H.264/H.265/SVAC/MPEG-4 时，在 1 920×1 080 分辨率和 25fps 情况下，视频码流应不大于 3Mbit/s。

6.1.5 视频监控设备宜支持随环境光线变化自动调整画面质量，宜具备自动除雾、自动背光增强和自动去模糊等画质增强处理功能。

6.1.6 视频监控设备应具备数字证书与管理平台双向身份认证的能力，安全能力应符合现行《公共安全视频监控联网信息安全技术要求》（GB 35114）中的 A 级要求。

条文说明

管理平台指具备治理车辆超限超载指挥调度和公路超限运输车辆信息管理等功能，能对辖区治理车辆超限运输相关信息数据进行汇总、分析、考核、评价和发布的省级、地市级、县市级、站级治超管理平台。

6.1.7 视频监控设备及其附件的其他技术指标应符合现行《道路交通安全违法行为视频取证设备技术规范》（GA/T 995）的有关规定。

6.2 具体要求

6.2.1 视频监控设备的摄像机靶面尺寸应不小于 7.18mm × 5.32mm。

6.2.2 视频监控设备应具备水平 0°~350° 和垂直 -90°~15° 旋转功能。

6.2.3 视频监控设备应支持可见光及红外光补光。

6.2.4 视频监控设备应符合下列规定：
1 应具备 3D 定位和断电记忆功能。
2 应具备 IP 地址访问控制功能。
3 在 AC220V ± 44V、50Hz ± 2Hz 的电源条件下应能正常工作。
4 宜支持预置位设置。

条文说明

IP 地址访问是指通过 IP 地址标识视频监控设备，可以通过管理平台实现远程访问、操作的功能。

7 信息发布设备

7.1 一般规定

7.1.1 公路车辆动态称重检测区终点后应设置信息发布设备，设备与终点之间的距离应不小于150m且不大于250m。

7.1.2 信息发布设备应由显示屏、控制器、机架、外壳、控制箱、安装连接件等组成。

7.1.3 信息发布设备应能通过文字交替、滚动等方式发布和显示信息。

7.1.4 信息发布设备显示文字的结构尺寸应符合现行《道路交通标志和标线 第2部分：道路交通标志》（GB 5768.2）的有关规定。

7.1.5 信息发布设备应能显示《信息交换用汉字编码字符集 基本集》（GB/T 2312）指定的全部汉字、数字和字符，并能控制全亮与全灭。信息发布设备不显示时，不应产生微光。

7.1.6 信息发布设备经通信接口接入公路车辆动态称重检测系统后，应能接收数据处理系统的控制，按数据处理系统的命令正确显示相应的内容并将工作状况上传至管理平台或主控单元。

7.1.7 信息发布设备应具备防篡改功能。

7.1.8 信息发布设备应具备自检功能和工作状态指示灯。通过自检功能，正确检测发光像素、通信接口以及其他单元的工作状态，将结果上传至主控单元，并通过指示灯亮与灭显示。

7.1.9 信息发布设备应包括环境照度检测装置，能根据环境照度自动调整发光像素的发光强度，不同颜色的夜间亮度要求应符合表7.1.9的规定。

表7.1.9 信息发布设备的夜间亮度（cd/m²）

黄色	红色	绿色	蓝色
150±10	105±10	180±10	70±10

7.1.10 悬臂式信息发布设备显示内容的格式可采用4行9列。

7.1.11 门架式信息发布设备显示内容的格式可采用2行14列。

7.1.12 柱式信息发布设备显示内容的格式可采用4行9列。

7.2 具体要求

7.2.1 显示屏应为可拆装式模块化结构，显示屏上的汉字宜采用24×24或32×32点阵字符，形状应符合现行《道路交通标志和标线 第2部分：道路交通标志》（GB 5768.2）的有关规定，或者显示字模符合现行《信息技术 汉字编码字符集（基本集） 24点阵字型》（GB/T 5007.1）和《信息技术 汉字编码字符集（辅助集） 24点阵字型 宋体》（GB/T 5007.2）中对字符的要求。

7.2.2 显示屏的显示模块内各像素之间及各显示模块之间，像素排列应均匀、平整，各像素点间距允许误差应为±1mm。

7.2.3 显示屏基底应为亚光黑色，亮度因数应不大于0.03。

7.2.4 文字标志发光时，前景字符应为红色、绿色或黄色；不发光时，应为黑色或无色。禁令性信息应为红色，提示性信息应为绿色，警告性信息应为黄色。

7.2.5 显示屏基底、文字标志等的色品坐标应符合现行《高速公路LED可变信息标志》（GB/T 23828）的有关规定。

7.2.6 信息发布设备接口可选择RJ45、RS485/RS232、TTL/IO和SD/USB等。

7.2.7 安装连接件应设置可调节标志视认角度的机构，活动零件应灵活、无卡滞现象，外壳及安装连接件应无明显变形、凹凸等缺陷。

7.2.8 外壳和控制箱及连接件的防护层色泽应均匀，无划伤、裂痕、基体裸露等缺陷。

7.2.9 控制箱应附着安装在显示屏的支撑立柱或显示屏箱体内，并符合下列规定：
1 部件齐全，安装牢固端正。
2 箱体出线孔开口合适，切口整齐。
3 出线管与箱体连接密封良好。
4 箱内连接回路编号清晰，走线整齐，符合工艺要求。
5 箱锁采取防水、防撬措施。
6 箱门开闭灵活轻便，密封良好。

7.2.10 信息发布设备显示屏的视认角和视认距离应符合下列规定：
1 视认角应不小于30°。
2 静态视认距离应不小于250m。
3 动态视认距离应不小于210m。

8 数据处理系统

8.1 一般规定

8.1.1 数据处理系统应由硬件和软件两部分组成。

8.1.2 数据处理系统的硬件应包括现场工控机、称重仪表、交换机和机柜等，并能对前端采集数据进行传输和处理。

8.1.3 数据处理系统的软件应具备数据匹配和轮轴判别等功能，并能对称重检测数据进行转换并修正数据。

8.2 具体要求

8.2.1 数据处理系统应具备日志记录功能，记录内容应包括设备运行情况、运行参数修改情况和设备运行状态。

8.2.2 数据处理系统应具备对采集数据的查询、导出功能。

8.2.3 数据处理系统不得具备对日志记录和采集数据记录的编辑修改、删除功能。

8.2.4 数据处理系统应能自动存储当前的设置参数和采集的信息，存储保留时间应不小于7d。

条文说明

　　基于正常运行、异常恢复两种路面常见工况，数据处理系统中的现场工控机需具备一定的数据备份和异常恢复机制，采集的检测数据具备7d及7d以上的数字信息存储能力。

8.2.5 机柜应防尘防雨，并具备温控、散热功能。

8.2.6 数据处理系统的设备应符合下列规定：

1　电源应为 AC220V±44V，50Hz±2Hz，可配置后备电源。

2　处理器主频应不小于 1.66GHz。

3　应具备 SSD（固态硬盘）及一体化 HDD（机械硬盘）。

4　RS232 接口数应不少于 2 个。

5　USB 接口数应不少于 2 个。

6　10/100/1 000Base-T RJ45 端口数应不少于 6 个。

9 供电与防雷接地

9.1 一般规定

9.1.1 公路车辆动态称重检测系统应配置稳定可靠的供电线路，满足24h不间断供电运行要求。

9.1.2 公路车辆动态称重检测系统及相关元器件的供电接口和控制接口应采取必要的防雷电和过电压保护措施，防护措施应符合现行《公路机电系统设备通用技术要求及检测方法》（JT/T 817）的有关规定。

9.1.3 公路车辆动态称重检测系统的机电设备应按现行《建筑物防雷设计规范》（GB 50057）的要求配置相应的防雷设施。

9.2 具体要求

9.2.1 公路车辆动态称重检测系统配置的避雷针应符合下列规定：
 1 内部应无电子部件，免维护。
 2 提前放电时间应不小于60μs。
 3 应采用不锈钢材料。

9.2.2 设备外露部分应进行接地处理，包括保护接地和防雷接地，并应符合下列规定：
 1 电器的机柜、显示屏的框架应采用金属架构，基础应采用钢筋混凝土。
 2 保护接地与防雷接地分开接地时，其接地电阻应分别小于4Ω和10Ω。
 3 电缆应进行屏蔽接地和防雷接地处理，电力电缆及通信电缆从室外进入设备处应采取防雷电和过电压保护措施，其避雷装置、过电压吸收装置应可靠接地。

10 数据传输

10.0.1 公路车辆动态称重检测系统与管理平台的数据传输可采用专网或公共网络进行。

条文说明

专网是指采用专线方式或非公共网络基础上的VPN（虚拟专用网络）方式建设的、用于支撑公共安全视频监控联网应用的传输网络。

10.0.2 数据记录应由唯一标识来索引，唯一标识由6位区划代码 + YYYYMMDDHH24MISSFF + 6位随机码组成，总长度应为32个字符。省级管理平台6位区划代码的后4位应全为'0'。

条文说明

YYYYMMDDHH24MISSFF 表示年月日时分秒及毫秒，由4位年份 + 2位月份 + 2位日期 + 2位时 + 2位分 + 2位秒 + 3位毫秒 + 3位自增序号组成。设置3位自增序号的目的是保证数据唯一性。

例如，数据记录44000020110315212741322000190976代码含义："440000"为6位区划代码，"20110315212741322000"为时间YYYYMMDDHH24MISSFF + 3位自增序号，"190976"为6位随机码。

10.0.3 采集信息数据传输内容和格式应满足表10.0.3的要求。

表10.0.3　采集信息数据传输内容和格式

序号	字段说明	字段代码	数据类型	长度	备注
1	检测数据标识	checkNo	String	32	必须；唯一标识
2	检测点标识	equipId	String	32	必须；由管理平台分配
3	检测时间	checkTime	Datetime	20	必须；YYYYMMDDHH24MISS
4	机动车号牌	vehicleNo	String	32	必须；识别出的机动车号牌
5	机动车号牌颜色	plateColor	String	2	必须；0-蓝色，1-黄色，2-黑色，3-白色，4-渐变绿色，5-黄绿双拼色，6-蓝白渐变色，9-未确定，11-绿色，12-红色

续表10.0.3

序号	字段说明	字段代码	数据类型	长度	备注
6	车辆轴型[a]	vehicleAlxesType	String	5	必须；详见本规范第10.0.5条
7	总质量	total	Int	6	必须；单位为kg
8	轴数	axles	Int	2	必须；大于或等于2，且应与填入的检测轴（轴组）载荷数据组数一致
9	车速	speed	Int	4	必须；精确到个位；单位为km/h
10	最大允许总质量	limitWeight	Int	6	非必须；精确到个位；单位为kg
11	超限量	overWeight	Int	6	非必须；精确到个位；单位为kg
12	超限率	overRate	Float	—	非必须；精确到小数点后2位；单位为%
13	车道号	line	String	8	必须；双车道代码规则：01-上行，03-下行；四车道及四车道以上代码规则：上行从内至外按11、12、13…连续编号，下行按31、32、33…连续编号；车道号排序规则：先上行、后下行，同一个行驶方向先内侧车道、后外侧车道
14	数据序号	dataNo	Long	—	必须；收到的数据序号
15	检测轴（轴组）载荷1	weight1	Int	6	必须；单位为kg
16	检测轴（轴组）载荷2	weight2	Int	6	必须；单位为kg
17	检测轴（轴组）载荷3	weight3	Int	6	非必须；单位为kg
18	检测轴（轴组）载荷4	weight4	Int	6	非必须；单位为kg
19	检测轴（轴组）载荷5	weight5	Int	6	非必须；单位为kg
20	检测轴（轴组）载荷6	weight6	Int	6	非必须，单位为kg
21	检测轴（轴组）载荷N	weightN	Int	6	非必须；根据车轴数量确定是否增加数据，使用数据长度判断数据结尾标识；单位为kg

注："—"表示对长度不作要求。

[a] 采集信息的车辆轴型字段应按表10.0.5中"轴组类型"编码，具备技术条件的可按"轴组类型（HEX）"编码。

10.0.4 采集信息图像数据传输内容和格式应满足表10.0.4的要求。

表10.0.4 采集信息图像数据传输内容和格式

序号	字段说明	字段代码	数据类型	说明
1	检测数据标识	checkNo	String	必须；与采集的检测数据标识的序号对应
2	数据类型	dataType	String	必须；01-第一张车辆前部图片，02-第二张车辆前部图片，21-车辆侧面图片，31-车辆尾部图片，41-车牌特写图片，81-视频

续表 10.0.4

序号	字段说明	字段代码	数据类型	说明
3	数据长度	size	Int	必须；文件字节数
4	文件目录	filePath	String	必须；第一次数据传输时，按检测点建立 FTP（文件传输协议）文件目录，格式：设备身份识别码；每日每检测点在所属检测点目录下按日期新建 FTP 文件目录，格式：YYYYMMDD；数据填充格式：设备身份识别码/YYYYMMDD
5	文件名	fileName	String	必须；格式要求：唯一标识＋数据类型；数据类型：车辆前部图片为 01～09，车辆侧面图片为 21～29，车辆尾部图片为 31～39，机动车车牌号牌图片为 41～49，视频文件（H.264、H.265、SVAC、MPEG-4 或 MPEG 格式）为 81～89
6	车道号	line	String	必须；双车道代码规则：01-上行，03-下行；四车道及四车道以上代码规则：上行从内至外按 11、12、13…连续编号，下行按 31、32、33…连续编号；车道号排列规则：先上行、后下行，同一个行驶方向先内侧车道、后外侧车道
7	数据序号	dataNo	Long	必须；收到的数据序号
8	检测时间	checkTime	Date	必须；YYYYMMDDHH24MISS

10.0.5 车辆轴型采集信息编码说明内容和格式应满足表 10.0.5 的要求。

表 10.0.5 车辆轴型采集信息编码说明内容和格式

轴数	车型	图例	轴组类型	轴组类型（HEX）
2 轴	载货汽车		12	21
3 轴	中置轴挂车列车		122	31
3 轴	铰接列车			32
3 轴	载货汽车		15	33
3 轴	载货汽车		112	34

续表 10.0.5

轴数	车型	图例	轴组类型	轴组类型（HEX）
4轴	中置轴挂车列车		125	41
			152	42
	铰接列车		125	43
	全挂汽车列车		1222	44
	载货汽车		115	45
5轴	中置轴挂车列车		155	51
			1125	52
	铰接列车		155	53
			1125	54
			129	55
	全挂汽车列车		1522	56
			11222	57

续表 10.0.5

轴数	车型	图例	轴组类型	轴组类型（HEX）
6轴	中置轴挂车列车		159	61
				62
			1155	63
				64
	铰接列车		159	65
				66
			1129	67
	全挂列车		11522	68
				69

本规范用词用语说明

1 本规范执行严格程度的用词，采用下列写法：

1）表示很严格，非这样做不可的用词，正面词采用"必须"，反面词采用"严禁"；

2）表示严格，在正常情况下均应这样做的用词，正面词采用"应"，反面词采用"不应"或"不得"；

3）表示允许稍有选择，在条件许可时首先应这样做的用词，正面词采用"宜"，反面词采用"不宜"；

4）表示有选择，在一定条件下可以这样做的用词，采用"可"。

2 引用标准的用语采用下列写法：

1）在标准总则中表述与相关标准的关系时，采用"除应符合本规范的规定外，尚应符合国家和行业现行有关标准的规定"。

2）在标准条文及其他规定中，当引用的标准为国家标准和行业标准时，表述为"应符合《××××××》（×××）的有关规定"。

3）当引用本规范中的其他规定时，表述为"应符合本规范第×章的有关规定"、"应符合本规范第×.×节的有关规定"、"应符合本规范第×.×.×条的有关规定"或"应按本规范第×.×.×条的有关规定执行"。